PLATON

Die Berichte von
Atlantis

PLATON

Die Berichte von
Atlantis

»Timaios« (Auszug) und »Kritias«

in der Übersetzung
von
Franz Susemihl

herausgegeben von
Dirk Bertram

Bibliografische Information der Deutschen Nationalbibliothek:

Die Deutsche Nationalbibliothek verzeichnet diese Publikation in der Deutschen Nationalbibliografie; detaillierte bibliografische Daten sind im Internet über http://dnb.dnb.de abrufbar.

Diese Ausgabe basiert auf:
Platon, Sämtliche Werke, Verlag Lambert Schneider GmbH, 1982, Heidelberg

© 2020 herausgegeben von Dirk Bertram, Ennigerloh (NRW)
Herstellung und Verlag: BoD – Books on Demand, Norderstedt

ISBN: 978-3-7519-3254-7

Für meine Tochter Clara.

Vorwort

Der Mythos von Atlantis geht zurück auf die beiden Dialoge »Timaios« und »Kritias« von Platon, wobei „Kritias" unvollendet blieb. Nachdem Platon zuvor Sokrates in einem fiktiven Dialog mit seinen Freunden ein Staatsmodell entwickelt ließ, lässt er anschließend Timaios und Kritias dem Sokrates von der Entstehung der Welt und der Menschen erzählen bzw. die beiden damals bereits vor tausenden von Jahren untergegangenen Stadtstaaten Ur-Athen und Atlantis vorstellen, von denen einzig die uralten Aufzeichnungen ägyptischer Priester berichten würden, während das Wissen darüber in allen anderen Kulturen verlorengegangen sei.

Der Atlantis-Mythos hat bis heute nichts von seiner Faszination verloren und ist nach wie vor Gegenstand zahlreicher Bücher, Untersuchungen und Dokumentationen.

Im Mai 2020   Der Herausgeber

»Timaios«

(Auszug)

In der Erzählung des Timaios treten auf:

Sokrates – Timaios – Kritias – Hermokrates

Sokrates: Eins, zwei, drei – wo aber bleibt uns denn der Vierte, mein lieber Timaios, von denen, welche gestern bewirtet wurden, jetzt aber selber bewirten sollen?

Timaios: Es hat ihn gewiss irgend eine Unpässlichkeit befallen, lieber Sokrates, denn aus freien Stücken würde er wohl nicht aus dieser Gesellschaft wegbleiben.

Sokrates: Demnach dürfte es denn deine Aufgabe und die der Übrigen sein, hier auch die Stelle des Abwesenden auszufüllen?

Timaios: Gewiss, und wir werden es in nichts daran fehlen lassen, soweit es in unseren Kräften steht. Denn nachdem wir gestern von dir mit allem, was sich geziemt, gastfreundlich bewirtet worden sind, wäre es nicht recht, wenn wir anderen dich nicht bereitwillig wiederbewirten wollten.

Sokrates: Nun denn, erinnert ihr euch noch, wie viel und worüber ich euch zu sprechen aufgab?

Timaios: Zum Teil erinnern wir uns dessen noch; was uns aber entfallen ist, an das uns wieder zu erinnern bist du ja da. Oder lieber, wenn es dir nicht lästig ist, wiederhole es uns von Anfang an in der Kürze noch einmal, damit es sich besser in uns befestige!

Sokrates: Das soll geschehen. Der Hauptinhalt meiner gestrigen Erörterungen über den Staat war ungefähr dieser, wie und aus was für Männern er sich nach meiner Meinung am besten gestalten würde.

Timaios: Ja, und zwar ganz nach unser aller Sinne stelltest du ihn dar.

Sokrates: Schieden wir nun nicht zuerst in ihm den Beruf der Landbauer und alle andern Gewerbe von der Klasse derer, denen die Kriegführung für alle obliegen sollte?

Timaios: Ja.

Sokrates: Und indem wir je nach seiner Naturbeschaffenheit einem jeden nur die eine, ihm allein angemessene Beschäftigung [und einem jeden nach seiner Art sein Gewerbe] zuerteilten, erklärten wir, dass diejenigen, welche für alle in den Krieg ziehen sollten, auch nichts weiter als Wächter des Staates sein dürften, wenn etwa einer von außen her oder auch einer von den Einwohnenden käme, um ihm zu schaden, und zwar so, dass sie dabei die von ihnen Beherrschten als ihre natürlichen Freunde milde richten, denen aber, welche ihnen in den Schlachten als Feinde begegneten, hart zusetzen sollten.

Timaios: Allerdings.

Sokrates: Denn die Seelen der Wächter müssten – so, denke ich, sagten wir – eine gewisse zugleich willenskräftige, zugleich aber auch ganz vorzüglich zur richtigen Erkenntnis hinstrebende Natur besitzen, damit sie gegen jeden von beiden Teilen mild oder hart zu sein vermöchten.

Timaios: Jawohl.

Sokrates: Und dann, was ihre Erziehung anlangte, sagten wir da nicht, dass sie im Turnen und in der Tonkunst und in allen für sie erforderlichen Zweigen des Wissens gebildet werden müssten?

Timaios: Freilich.

Sokrates: Und wenn sie dann so gebildet wären – so etwa fuhren wir fort –, sollten sie weder Gold noch Silber noch überhaupt irgend etwas anderes jemals als ihr ausschließliches Eigentum ansehen dürfen, sondern als Beschützer von ihren

Schützlingen für deren Bewachung einen Sold von der Größe empfangen, wie sie zu einem mäßigen Leben hinreicht, und sollten diesen dann gemeinsam mit einander verzehren und zusammenspeisend mit einander leben und ihr Streben durchaus allein auf die Tugend richten, von allen andern Geschäften aber befreit sein.

Timaios: Auch das ward so festgesetzt.

Sokrates: Und was dann ferner ihre Frauen anbetrifft, so gedachten wir doch auch dessen, dass man nur solche von ähnlicher Beschaffenheit ihnen zugesellen dürfe, und dass man ihnen in Bezug auf den Krieg sowie auf die übrige Lebensweise allen ganz die nämlichen Beschäftigungen zuerteilen müsste.

Timaios: In dieser Weise ward auch dieses ausgemacht.

Sokrates: Was stellten wir denn ferner hinsichtlich der Kinderzeugung fest? Doch das ist wohl schon wegen der Ungewöhnlichkeit dessen, was darüber angeordnet ward, leicht zu behalten, dass wir nämlich alles, was Ehen und Kinder anlangt, allen insgesamt gemeinschaftlich machten, indem wir Anstalten dafür treffen ließen, daß keiner jemals seine Abkömmlinge vor denen der andern heraus erkennen könnte, sondern alle sie insgesamt als von gleicher Abkunft betrachten würden, nämlich als Schwestern und Brüder, soweit sie innerhalb des passenden Alters geboren wären, die aber ein Menschenalter vorher und noch weiter zurück Geborenen als Eltern und Großeltern, und die in absteigender Linie Geborenen als Kinder und Kindeskinder.

Timaios: Ja, und es ist dies, wie du sagst, leicht zu behalten.

Sokrates: Damit sie nun aber gleich mit so vortrefflicher Naturanlage als möglich geboren würden, – erinnern wir uns nicht, dass wir zu diesem Zwecke festsetzten, es müssten die

Vorsteher und Vorsteherinnen des Staates für die Schließung der Ehen vermittelst gewisser Lose die Einrichtung treffen, dass die Guten und die Schlechten gesondert von einander beide mit Frauen von gleicher Beschaffenheit zusammenkämen und dass so deswegen keine Feindschaft unter ihnen entstände, indem sie vielmehr den Zufall als die Ursache der jedesmaligen Verbindung ansähen?

Timaios: Wir erinnern uns dessen.

Sokrates: Und doch wohl auch dessen, dass wir feststellten, dass die Kinder der Guten aufgezogen, die der Schlechten aber heimlich unter die übrigen Angehörigen des Staates verteilt werden müssten, und wie die Staatsvorsteher dann die Heranwachsenden zu beobachten und die Würdigen von ihnen wieder in ihren Geburtsstand zurückzuversetzen, die Unwürdigen innerhalb dieses letzteren selbst aber in den Platz dieser Wiederhinaufgerückten einzustellen hätten?

Timaios: Freilich.

Sokrates: Nun hätten wir denn wohl alles ebenso wie gestern bereits wieder durchgegangen, so weit dies für eine Wiederholung in den Hauptzügen erforderlich, oder vermissen wir, mein lieber Timaios, noch irgend etwas von dem Gesagten, was wir etwa übergangen hätten?

Timaios: Nein, sondern gerade dies war sein Inhalt.

Sokrates: Hört nun ferner, wie es mir in Bezug auf diesen Staat, wie wir ihn entwickelt haben, geht. Ich habe nämlich ungefähr dieselbe Empfindung dabei, wie wenn einer schöne Tiere sieht, sei es bloß gemalte, sei es auch wirklich lebende, die sich aber in Ruhe verhalten, und ihn dann das Verlangen ankommt, sie auch in Bewegung zu erblicken und etwas von den Eigenschaften, welche belebten Körpern zukommen, im Kampfe erproben zu sehen. Ebenso also geht es mir mit dem von uns entwickelten Staate. Denn gerne möchte ich jemanden darstellen hören, wie er diejenigen Kämpfe, welche einem Staate zukommen, gegen andere Staaten bestehen würde, indem er auf eine würdige Weise zum Kriege geschritten wäre und nunmehr während desselben das der in ihm herrschenden Erziehung und Bildung Entsprechende sowohl in der Ausführung durch Taten als in der Verhandlung in Worten dem jedesmaligen anderen Staate gegenüber leisten würde.

Hierin nun, mein Kritias und Hermokrates, bin ich mir selber bewußt, dass ich niemals imstande sein werde, den Staat und die Männer gebührend zu verherrlichen. Und was mich betrifft, so ist das kein Wunder, aber ich habe dieselbe Meinung auch von den vormaligen sowie von den jetzt lebenden Dichtern gewonnen: nicht als ob ich damit das Geschlecht der Dichter herabsetzen wollte; vielmehr ist es jedem klar, dass alles, was zu der Klasse der nachahmenden Künstler gehört, dasjenige am leichtesten und besten nachahmen wird, worin ein jeder auferzogen ward, und dass es dagegen für einen jeden schwer ist, dasjenige, was außerhalb seines Bildungskreises liegt, in den Taten, noch schwerer aber, es in den Worten gut nachzuahmen. Das Geschlecht der Sophisten aber wiederum halte ich zwar für sehr erfahren in Reden und vielen anderen schönen Dingen, fürchte aber, weil es in den Staaten umherzieht und nirgends eigene Wohnsitze hat, dass es unfähig sei, das Richtige zu treffen, wenn es sich darum handelt, wieviel und welcherlei wissenschaftliche und zugleich staatskluge Männer in Kampf und Schlachten, sowie in der jedesmaligen Unterhandlung, in Tat und Wort zur Ausführung bringen dürften. So bleiben denn nur noch die Leute eures Schlages übrig, welche beides zugleich, und zwar durch Anlage und durch Bildung, sind. Denn Timaios hier ist aus dem italischen Lokris gebürtig, welches sich der vortrefflichsten Verfassung erfreut, steht keinem von seinen Landsleuten an Vermögen und Herkunft nach, und hat dabei einerseits die höchsten Ämter und Ehrenstellen im Staate bekleidet, andererseits in allem, was nur wissenschaftliches Streben heißt, nach meinem Dafürhalten das Höchste erreicht. Von dem Kritias aber wissen wir Athener es ja alle, dass ihn nichts von den Dingen, um welche es hier sich handelt, fremd ist, und ebenso darf man es von der Naturanlage wie der Bildung des Hermokrates glauben, dass sie ihnen allen gewachsen sei, da dies von so vielen Seiten bezeugt wird. Dies erwog ich auch schon gestern, und als ihr mich daher batet, das Wesen des Staates zu erörtern, so ging ich gerne darauf ein, weil ich wußte, dass niemand geschickter als ihr, wenn ihr wolltet, dazu sein würde, die Fortsetzung hiezu zu liefern; denn darzustellen, wie der Staat zu einem seiner würdigen Kriege schreiten und sodann in allem auf die ihm zukommende Weise handeln würde, dürftet ihr allein von allen, die jetzt leben, geeignet sein. Nachdem ich mich daher dessen entledigt, was ihr mir aufgetragen, trug ich euch denn hinwiederum das eben Erwähnte auf. Ihr nun setztet nach gemeinschaftlicher Beratung auf heute meine Gegenbewirtung durch Reden fest, und da bin ich denn nun, gerüstet und ganz gewärtig sie zu empfangen.

Hermokrates: Und wir unsererseits, lieber Sokrates, wie es schon unser Timaios hier sagte, werden es gewiss an gutem Willen nicht fehlen lassen; auch haben wir so wenig einen Vorwand, uns dem zu entziehen, dass wir schon gestern, gleich als wir von hier in das Gastzimmer beim Kritias, wo wir wohnen, eingetreten waren, und noch vorher auf dem Wege dahin, eben den betreffenden Gegenstand mit einander betrachtet haben. Da trug uns denn nun unser Wirt eine Geschichte aus alter Überlieferung vor, und – dieselbe, lieber Kritias, könntest du nun auch dem Sokrates mitteilen, auf dass auch er mit uns prüfe, ob sie zur Erfüllung des uns Aufgetragenen etwas Geeignetes enthält oder nicht.

Kritias: Das mag geschehen, wenn es auch den Timaios, als unsern dritten Gesprächsgenossen, also gut dünkt.

Timaios: Ich bin damit einverstanden.

Kritias: So höre denn, Sokrates, eine gar seltsame, aber durchaus wahre Geschichte, wie sie einst Solon, der Weiseste unter den Sieben, erzählt hat. Er war nämlich, wie bekannt, ein Verwandter und vertrauter Freund meines Urgroßvaters Dropides, wie er auch selber wiederholt in seinen Gedichten sagt; meinem Großvater Kritias aber erzählte er bei irgend einer Gelegenheit, wie es dieser als Greis wiederum mir mitteilte, dass es viele vor Alters von unserem Staat vollbrachte bewunderungswürdige Taten gäbe, welche durch die Länge der Zeit und den Untergang der Menschen in Vergessenheit geraten wären; von allen aber sei eine die größte; und diese ist es, deren Andenken mir jetzt zu erneuern geziemt, um sowohl dir meinen Dank abzutragen, als auch zugleich die Göttin an ihrem gegenwärtigen Feste auf eine echte und gebührende Weise wie durch einen Lobgesang zu verherrlichen.

Sokrates: Wohlgesprochen! Aber was für eine Tat ist denn das, die Kritias, obgleich sie der Überlieferung unbekannt ist, dir dennoch als eine in Wahrheit vor alters von dieser Stadt vollbrachte nach dem Berichte des Solon mitteilte?

Kritias: So will ich denn diese alte Geschichte erzählen, die ich von einem nicht mehr jungen Manne vernommen. Es war nämlich damals Kritias, wie er sagte, schon beinahe neunzig Jahre, ich aber so ungefähr zehn alt. Nun war gerade der Knabentag der Apaturien, und was sonst jedesmal an diesem Feste gebräuchlich ist, geschah auch diesmal mit den Kindern: Preise setzten uns nämlich die Väter für den besten Vortrag von Gedichten aus. So wurden denn viele Gedichte von vielen anderen Dichtern hergesagt; namentlich aber trugen viele von uns Kindern manche von denen des Solon vor, weil diese zu jener Zeit noch etwas Neues waren. Da äußerte nun einer von den Genossen unserer Phratrie, sei es, dass dies damals wirklich seine Ansicht war, sei es, um dem Kritias etwas Angenehmes zu sagen, es scheine ihm Solon sowohl in allen anderen Stücken der Weiseste als auch in bezug auf die Dichtkunst unter allen Dichtern der edelste zu sein. Der Greis nun – denn ich erinnere mich dessen noch sehr wohl – ward sehr erfreut und erwiderte lächelnd: »Wenigstens, Amynandros, wenn er die Dichtkunst nicht bloß als Nebensache betrieben, sondern, wie andere, seinen ganzen Fleiß auf sie verwandt und die Erzählung, welche er aus Ägypten mit hierher brachte, vollendet und nicht wegen der Unruhen und durch alle anderen Schäden, welche er hier bei seiner Rückkehr vorfand, sich gezwungen gesehen hätte, sie liegen zu lassen, dann wäre, wenigstens nach meinem Dafürhalten, weder Homeros noch Hesiodos noch irgend ein anderer Dichter je berühmter geworden als er.«

»Aber was für eine Geschichte war denn dies?« fragte jener.

»Traun von der größten und mit vollem Rechte ruhmwürdigsten Tat von allen, welche diese Stadt vollbracht, von welcher aber wegen der Länge der Zeit und des Unterganges derer, die sie vollbracht haben, die Überlieferung sich nicht bis auf uns erhalten hat.«

»So erzähle mir denn vom Anfange an,« versetzte der andere, »was und wie und von wem Solon hierüber Beglaubigtes gehört und es danach berichtet hat.«

»Es gibt in Ägypten,« versetzte Kritias, »in dem Delta, um dessen Spitze herum der Nilstrom sich spaltet, einen Gau, welcher der saïtische heißt, und die größte Stadt dieses Gaus ist Saïs, von wo ja auch der König Amasis gebürtig war. Die Einwohner nun halten für die Gründerin ihrer Stadt eine Gottheit, deren Name auf ägyptisch Neith, auf griechisch aber, wie sie angeben, Athene ist; sie behaupten daher, große Freunde der Athener und gewissermaßen mit ihnen stammverwandt zu sein. Als daher Solon dorthin kam, so wurde er, wie er erzählte, von ihnen mit Ehren überhäuft, und da er Erkundigungen über die Vorzeit bei denjenigen Priestern einzog, welche hierin vorzugsweise erfahren waren, so war er nahe daran zu finden, dass weder er selbst noch irgend ein anderer Grieche, fast möchte man sagen, auch nur irgend etwas von diesen Dingen wisse. Und einst habe er, um sie zu einer Mitteilung über die Urzeit zu veranlassen, begonnen, ihnen die ältesten Geschichten Griechenlands zu erzählen, ihnen vom Phoroneus, welcher für den ersten Menschen gilt, und von der Niobe, und wie nach der Flut Deukalion und Pyrrha übrig blieben, zu berichten und das Geschlechtsregister ihrer Abkömmlinge aufzuzählen, und habe versucht, mit Anführung der Jahre, welche auf jedes einzelne kamen, wovon er sprach, die Zeiten zu bestimmen. Da aber habe einer der Priester, ein sehr bejahrter Mann, ausgerufen: ‚O Solon, Solon, ihr Hellenen bleibt doch immer Kinder, und einen alten Hellenen gibt es nicht!‘

Als nun Solon dies vernommen, habe er gefragt: ‚Wieso? wie meinst du das?‘

‚Ihr seid alle jung an Geiste‘, erwiderte der Priester, ‚denn ihr tragt in ihm keine Anschauung, welche aus alter Überlieferung stammt, und keine mit der Zeit ergraute Kunde. Der Grund hievon aber ist folgender: Es haben schon viele und vielerlei Vertilgungen der Menschen stattgefunden und werden auch fernerhin noch stattfinden, die umfänglichsten durch Feuer und Wasser, andere, geringere aber durch unzählige andere Ursachen. Denn was auch bei euch erzählt wird, dass einst Phaëthon, der Sohn des Helios, den Wagen seines Vaters bestieg und, weil er es nicht verstand, auf dem Wege seines Vaters zu fahren, alles auf der Erde verbrannte und selber vom Blitze erschlagen ward, das klingt zwar wie eine Fabel, doch ist das Wahre daran die veränderte Bewegung der die Erde umkreisenden Himmelskörper und die Vernichtung von allem, was auf der Erde befindlich ist, durch vieles Feuer, welche nach dem Verlauf gewisser großer Zeiträume eintritt. Von derselben werden dann die, welche auf Gebirgen und in hochgelegenen und wasserlosen Gegenden wohnen, stärker betroffen als die Anwohner der Flüsse und des Meeres, und so rettet auch uns der Nil, wie aus allen anderen Nöten, so auch alsdann, indem er uns auch aus dieser befreit. Wenn aber wiederum die Götter die Erde, um sie zu reinigen, mit Wasser überschwemmen, dann bleiben die, so auf den Bergen wohnen, Rinder- und Schafhirten, erhalten; die aber, welche bei euch in den Städten leben, werden von den Flüssen ins Meer geschwemmt; dagegen in unserem Lande strömt weder dann noch sonst das Wasser vom Himmel herab auf die Fluren, sondern es ist so eingerichtet, dass alles von unten her über sie aufsteigt. Daher und aus diesen Gründen bleibt alles bei uns erhalten und gilt deshalb für das Älteste. In Wahrheit jedoch gibt es in allen Gegenden, wo nicht übermäßige Kälte oder Hitze es wehrt, stets ein bald mehr, bald minder zahlreiches Menschengeschlecht. Nur aber liegt bei uns alles, was bei euch oder in der Heimat oder in anderen Gegenden vorgeht, von denen wir durch Hörensagen wissen, sofern es irgendwie etwas Treffliches oder Großes ist oder irgend eine andere Bedeutsamkeit hat, insgesamt von alters her in den Tempeln aufgezeichnet und bleibt also erhalten. Ihr dagegen und die übrigen Staaten seid hinsichtlich der Schrift und alles anderen, was zum staatlichen Leben gehört, immer eben erst eingerichtet, wenn schon wiederum nach dem Ablauf der gewöhnlichen Frist wie eine Krankheit die Regenflut des Himmels über euch hereinbricht und nur die der Schrift Unkundigen und Ungebildeten bei euch übrig läßt, so dass ihr immer von neuem gleichsam wieder jung werdet und der Vorgänge bei uns und bei euch unkundig bleibt, so viel ihrer in alten Zeiten sich ereigneten. Wenigstens eure jetzigen Geschlechtsverzeichnisse, lieber Solon, wie du sie eben durchgingst, unterscheiden sich nur wenig von Kindermärchen. Denn erstens erinnert ihr euch nur einer Überschwemmung der Erde, während doch so viele schon vorhergegangen sind, sodann aber wisst ihr nicht, dass das trefflichste und edelste Geschlecht unter den Menschen in eurem Lande gelebt hat, von denen du und alle Bürger eures jetzigen Staates herstammt, indem einst ein geringer Stamm von ihnen übrigblieb; sondern alles dies blieb euch verborgen, weil die Übriggebliebenen viele Geschlechter hindurch ohne die Sprache der Schrift ihr ganzes Leben hinbrachten. Denn es war einst, mein Solon, vor der größten Zerstörung durch Wasser der Staat, welcher jetzt der athenische heißt, der beste im Kriege und mit der in allen Stücken ausgezeichnetsten Verfassung ausgerüstet, wie denn die herrlichsten Taten und öffentlichen Einrichtungen von allen unter der Sonne, deren Ruf wir vernommen haben, ihm zugeschrieben werden.‘

Als nun Solon dies hörte, da habe er, wie er erzählte, sein Erstaunen bezeugt und angelegentlichst die Priester gebeten, ihm die ganze Geschichte der alten Bürger seines Staates in genauer Reihenfolge wiederzugeben.

Der Priester aber habe erwidert: ‚Ich will dir nichts vorenthalten, mein Solon, sondern dir alles mitteilen, sowohl dir als eurem Staate, vor Allem aber der Göttin zu Liebe, welche euren so wie unseren Staat gleichmäßig zum Eigentume erhielt und beide erzog und bildete, und zwar den euren tausend Jahre früher aus dem Samen, den sie dazu von der Erdgöttin Ge und dem Hephaistos empfangen hatte, und später eben so den unsrigen. Die Zahl der Jahre aber, seitdem die Einrichtung des letzteren besteht, ist in unseren heiligen Büchern auf achttausend angegeben. Von euren Mitbürgern, die vor neuntausend Jahren entstanden, will ich dir also jetzt in kurzem berichten, welches ihre Staatsverfassung und welches die herrlichste Tat war, die sie vollbrachten; das Genauere über dies alles aber wollen wir ein ander Mal mit Muße nach der Reihe durchgehen, indem wir die Bücher selber zur Hand nehmen.

Von ihrer Verfassung nun mache dir eine Vorstellung nach der hiesigen: denn du wirst viele Proben von dem, was damals bei euch galt, in dem, was bei uns noch jetzt gilt, wiederfinden, zuerst eine Kaste der Priester, welche von allen andern gesondert ist, sodann die der Gewerbetreibenden, von denen wieder jede Klasse für sich arbeitet, und nicht mit den anderen zusammen, samt den Hirten, Jägern und Ackerleuten; endlich wirst du auch wohl bemerkt haben, dass die Kriegerkaste hier zu Lande von allen anderen gesondert und dass ihr nichts anderes, außer der Sorge für das Kriegswesen, vom Gesetze auferlegt ist. Ihre Bewaffnung ferner besteht aus Spieß und Schild, mit denen wir zuerst unter den Völkern Asiens uns ausrüsteten, indem die Göttin es uns, ebenso wie in euren Gegenden euch zuerst, gelehrt hatte. Was sodann die Geistesbildung anlangt, so siehst du wohl doch, eine wie große Sorge das Gesetz bei uns gleich in seinen Grundlagen auf sie verwandt hat, indem es aus allen auf die Naturordnung bezüglichen Wissenschaften bis zu der Wahrsagekunst und der Heilkunst zur Sicherung der Gesundheit hin, welche alle göttlicher Natur sind, dasjenige, was zum Gebrauche der Menschen sich eignet, heraussuchte und sich dergestalt alle diese Wissenschaften und alle andern, welche mit ihnen zusammenhängen, aneignete. Nach dieser ganzen Anordnung und Einrichtung gründete nun die Göttin zuerst euren Staat, indem sie den Ort eurer Geburt mit Rücksicht darauf erwählte, dass die dort herrschende glückliche Mischung der Jahreszeiten am besten dazu geeignet sei, verständige Männer zu erzeugen. Weil also die Göttin zugleich den Krieg und die Weisheit liebt, so wählte sie den Ort aus, welcher am meisten sich dazu eignete, Männer, wie sie ihr am ähnlichsten sind, hervorzubringen, und gab diesem zuerst seine Bewohner. So wohntet ihr denn also dort im Besitze einer solchen Verfassung und noch viel anderer trefflicher Einrichtungen und übertraft alle anderen Menschen in jeglicher Tugend und Tüchtigkeit, wie es auch von Sprösslingen und Zöglingen der Götter nicht anders zu erwarten stand. Viele andere große Taten eures Staates nun lesen wir in unseren Schriften mit Bewunderung; von allen jedoch ragt eine durch ihre Größe und Kühnheit hervor:

Unsere Bücher erzählen nämlich, eine wie gewaltige Kriegsmacht einst euer Staat gebrochen hat, als sie übermütig gegen ganz Europa und Asien zugleich vom atlantischen Meere heranzog. Damals nämlich war das Meer dort fahrbar: denn vor der Mündung, welche ihr in eurer Sprache die Säulen des Herakles heißt, hatte es eine Insel, welche größer war als Asien und Libyen zusammen, und von ihr konnte man damals nach den übrigen Inseln hinübersetzen, und von den Inseln auf das ganze gegenüberliegende Festland, welches jenes recht eigentlich so zu nennende Meer umschließt. Denn alles das, was sich innerhalb der eben genannten Mündung befindet, erscheint wie eine bloße Bucht mit einem engen Eingange; jenes Meer aber kann in Wahrheit also und das es umgebende Land mit vollem Fug und Recht Festland heißen. Auf dieser Insel Atlantis nun bestand eine große und bewundernswürdige Königsherrschaft, welche nicht bloß die ganze Insel, sondern auch viele andere Inseln und Teile des Festlands unter ihrer Gewalt hatte. Außerdem beherrschte sie noch von den hier innerhalb liegenden Ländern Libyen bis nach Ägypten und Europa bis nach Tyrrhenien hin. Indem sich nun diese ganze Macht zu einer Heeresmasse vereinigte, unternahm sie es, unser und euer Land und überhaupt das ganze innerhalb der Mündung liegende Gebiet mit einem Zuge zu unterjochen. Da wurde nun, mein Solon, die Macht eures Staates in ihrer vollen Trefflichkeit und Stärke vor allen Menschen offenbar. Denn vor allen andern an Mut und Kriegskünsten hervorragend, führte er zuerst die Hellenen, dann aber ward er durch den Abfall der anderen gezwungen, sich auf sich allein zu verlassen, und als er so in die äußerste Gefahr gekommen, da überwand er die Andringenden und stellte Siegeszeichen auf und verhinderte so die Unterjochung der noch nicht Unterjochten und gab den andern von uns, die wir innerhalb der herakleischen Grenzen wohnen, mit edlem Sinne die Freiheit zurück. Späterhin aber entstanden gewaltige Erdbeben und Überschwemmungen, und da versank während eines schlimmen Tages und einer schlimmen Nacht das ganze streitbare Geschlecht bei euch scharenweise unter die Erde; und ebenso verschwand die Insel Atlantis, indem sie im Meere unterging. Deshalb ist auch die dortige See jetzt unfahrbar und undurchforschbar, weil der sehr hoch aufgehäufte Schlamm im Wege ist, welchen die Insel durch ihr Untersinken hervorbrachte.'«

Da hast du nun, lieber Sokrates, was mir vom alten Kritias auf Solons Bericht hin erzählt wurde, so in kurzem vernommen. Und so fiel mir denn auch, als du gestern über den Staat und seine Bürger, wie du sie schildertest, sprachst, eben das, was ich jetzt mitgeteilt habe, dabei ein, und mit Erstaunen bemerkte ich, wie wunderbar du durch ein Spiel des Zufalls so überaus nahe in den meisten Stücken mit dem zusammentrafst, was Solon erzählt hatte. Doch wollte ich es nicht sogleich sagen, denn nach so langer Zeit hatte ich es nicht mehr gehörig im Gedächtnisse, und ich merkte daher, dass es nötig wäre, bei mir selber zuvor gehörig alles wieder zu überdenken und dann erst darüber zu sprechen. Darum war ich auch so rasch mit den Aufgaben, welche du gestern stelltest, einverstanden, indem ich glauben durfte, ich werde um das, was in allen solchen Fällen die meisten Schwierigkeiten macht, nämlich einen den Erwartungen der Zuhörer entsprechenden Stoff zugrunde zu legen, eben nicht in Verlegenheit sein. Deshalb nun rief ich es mir denn auch ins Gedächtnis zurück, indem ich es gestern gleich, wie auch Hermokrates schon bemerkt hat, als ich von hier fortging, unseren beiden Fremden mitteilte, und ebenso sann ich, nachdem ich sie verlassen hatte, während der Nacht darüber nach und habe mir dadurch so ziemlich alles wieder zur vollen Erinnerung gebracht. Und in der Tat, es ist wahr, was das Sprichwort sagt: »Was man als Knabe lernt, das merkt sich wunderbar.« Ich meinerseits wenigstens weiß es nicht, ob ich, was ich gestern hörte, mir so alles im Gedächtnis wieder vergegenwärtigen könnte; von dem eben Erzählten aber, was ich vor so langer Zeit gehört habe, sollte es gar sehr mich wundernehmen, wenn mir irgend etwas davon entschwunden wäre. Ich hatte aber auch schon damals, als ich es hörte, nach Kinderart viel Freude daran, weshalb ich denn den Alten, der auch stets bereit war, mir Rede zu stehen, wiederholt immer von neuem danach fragte, so dass es wie mit unauslöschlichen Zügen sich mir eingebrannt hat. Daher teilte ich denn auch den Gastfreunden gleich heute morgen früh eben dies mit, damit es auch ihnen gleich mir nicht an Stoff zu Reden gebräche. Jetzt also, um auf das zurückzukommen, weswegen dies alles bemerkt worden ist, bin ich bereit, lieber Sokrates, nicht bloß im ganzen und großen, sondern auch in den einzelnen Zügen alles, wie ich es gehört habe, vorzutragen, und die Bürger und den Staat, welche du gestern uns gleichsam nur wie in einer Dichtung geschildert hast, werde ich jetzt in die Wirklichkeit, und zwar hierher (nach Athen), versetzen, indem ich annehme, dass jener Staat der unsrige gewesen ist, und werde behaupten, dass die Bürger, wie du sie dir dachtest, jene unsere leibhaftigen Voreltern gewesen sind, von welchen der Priester sprach. Sie werden ganz dazu stimmen, und wir werden durchaus das

Richtige treffen, wenn wir sagen, dass sie die seien, welche in der damaligen Zeit lebten. Wir werden uns jedoch in die Aufgabe, welche du uns gestellt hast, teilen und so alle mit vereinten Kräften sie nach Vermögen gebührend zu lösen versuchen, und es ist eben deshalb vorher zuzusehen, lieber Sokrates, ob dieser Stoff nach unserem Sinne ist, oder ob wir noch erst einen anderen an seiner Stelle zu suchen haben.

Sokrates: Und welchen anderen, mein Kritias, sollten wir wohl lieber an seiner Stelle nehmen, welcher zu dem gegenwärtigen Opferfest der Göttin wegen der nahen Beziehung zu ihr so gut passte? Und dazu ist auch wohl noch das an ihm ein großer Vorzug, dass er kein bloß erdichtetes Märchen, sondern eine wahre Geschichte enthält. Denn wie und woher sollten wir denn andere Stoffe nehmen, wenn wir diesen verschmähen wollten? Wir würden vergebens suchen; vielmehr – und ich wünsche euch guten Erfolg dazu – müsst ihr jetzt reden, ich aber zum Entgelt dafür, dass ich gestern gesprochen habe, nunmehr in Ruhe zuhören.

Kritias: So betrachte denn, lieber Sokrates, wie wir die Anordnung der Gastgeschenke für dich getroffen haben: Wir haben nämlich beschlossen, dass Timaios, weil er sich unter uns am meisten auf die Sternkunde versteht und es sich am meisten zur Aufgabe gemacht hat, über die Natur des Alls zur Erkenntnis zu gelangen, zuerst reden solle, und zwar so, dass er mit der Entstehung der Welt beginnt und mit der Erzeugung der Menschen aufhört; ich aber nach ihm, nachdem ich von ihm die Menschen als entstandene, gemäß seiner Darstellung, von dir aber einen Teil derselben als ganz vorzüglich gebildet in Empfang genommen und diese letzteren zur Beurteilung nach der Erzählung und dem Gesetze des Solon gleichsam vor unseren Richterstuhl geführt habe, − ich solle sie, indem ich davon ausgehe, dass dies die damaligen Athener sind, die die Überlieferung der heiligen Bücher aus ihrer Verborgenheit ans Licht gezogen hat, zu Bürgern unseres Staates machen und das Weitere über sie sodann als über Bürger und Athener vortragen.

Sokrates: Recht vollständig und glänzend scheint ja meine Gegenbewirtung durch eure Reden ausfallen zu sollen! Deine Aufgabe, wie ich denke, Timaios, wäre es denn also hiernach, jetzt zunächst zu sprechen, nachdem du zuvor, wie der Brauch es fordert, die Götter angerufen hast.

Timaios: [...]

»Kritias«

In der Erzählung des Kritias treten auf:

Timaios – Kritias – Sokrates –Hermokrates

Timaios: Wie froh bin ich, mein Sokrates, dass ich nun, gleich als ob ich von einem langen Marsche ausruhte, den Weg meiner Erörterung glücklich zurückgelegt habe! Zu dem Gotte aber, der in der Tat schon lange vorher, in meiner Beschreibung aber soeben entstanden ist, flehe ich, er möge von dieser alles das, was das Richtige trifft, uns zum Heile gedeihen lassen, wenn wir aber wider unsern Willen etwas Irriges über den betreffenden Gegenstand vorgebracht haben, uns dafür die gebührende Strafe auferlegen. Die rechte Strafe aber besteht darin, dass er aus Irrenden uns zu Kundigen mache. Damit wir also in Zukunft über die Entstehung der Götter die Wahrheit reden, so flehen wir ihn an, er möge uns als Heilmittel, und zwar als das vollkommenste und beste aller Heilmittel, die Erkenntnis verleihen, und nach dem wir also den Gott angerufen, überlassen wir unser Übereinkunft gemäß dem Kritias die Fortsetzung.

Kritias: Wohl, mein Timaios, ich übernehme sie. Doch was auch du zu Anfange getan hast, dass du nämlich wegen der Schwierigkeit des zu behandelnden Gegenstandes dir Nachsicht erbatest, eben das erbitte auch ich mir und wünsche deshalb in noch weit höherem Grade in bezug auf meine folgende Auseinandersetzung teilhaftig zu werden. Ja, obgleich es mir nicht so ganz entgeht, dass ich damit eine sehr anmaßende und mehr als billig unziemliche Bitte tun werde, so muss ich sie dennoch aussprechen. Denn dass deine Darlegung nicht vortrefflich gewesen wäre, welcher Verständige dürfte das zu behaupten wagen! Um so mehr aber muss ich es irgendwie dartun, dass die Erfüllung der von mir übernommenen Aufgabe größere Schwierigkeiten darbietet und daher auch größerer Nachsicht bedarf. Nämlich, lieber Timaios, es ist leichter zu genügen, wenn man über die Götter vor den Menschen, als wenn man über die Sterblichen vor uns spricht. Denn wenn man über dasjenige reden soll, worin die Zuhörer unerfahren, ja gänzlich unwissend sind, so gewährt eben dieser ihr Zustand hierfür eine große Erleichterung. Wie wir uns nun in dieser Beziehung in betreff der Götter verhalten, wisst ihr selbst; damit ich euch aber noch deutlicher machen kann, wie ich es meine, so bitte ich euch meiner Erörterung hierüber zu folgen. Als eine Nachahmung und Abbildung muss man nämlich doch wohl die einem jeden von uns aufgetragene Auseinandersetzung bezeichnen. Betrachten wir nun aber einmal, mit welcher Leichtigkeit oder Schwierigkeit die Maler bei ihren Nachbildungen von Götter- und andererseits von Menschenkörpern es erreichen, dass sie den Beschauern diese hinlänglich ähnlich dargestellt zu haben scheinen, und wir werden sehen, dass, wenn einer die Erde und ihre Berge, Flüsse und Wälder und das ganze Weltgebände mit allem, was sich innerhalb seines Umkreises befindet und bewegt, auch nur einigermaßen der Ähnlichkeit entsprechend darzustellen imstande ist, wir zunächst hiermit schon zufrieden sind, und dass wir überdies noch, da wir doch über jene Dinge selbst keine genauen Kenntnisse haben, auch die Zeichnungen nicht näher untersuchen und prüfen, vielmehr uns bei ihnen eine ungenaue und auf Täuschung berechnete Perspektivmalerei gefallen lassen, dass dagegen, wenn jemand unsere Körper abzumalen versucht, wir in Folge unserer natürlichen, oft wiederholten Beobachtung derselben genau darauf merken, ob irgend etwas mangelt, und strenge Richter sind, wenn wir nicht alle Ähnlichkeiten in allen Stücken wiedergegeben sehen. Eben dasselbe wird sich daher auch bei der mündlichen Darstellung wahrnehmen lassen, dass wir nämlich hinsichtlich der himmlischen und göttlichen Dinge mit einer auch nur annähernden Wahrscheinlichkeit derselben zufrieden sind, hinsichtlich des Sterblichen und Menschlichen aber eine genaue Prüfung mit ihr anstellen. Deshalb müßt ihr rücksichtlich dessen, was ich nunmehr ohne weitere Vorbereitung schildern werde, Nachsicht mit mir haben, wenn ich nicht ganz das Geziemende wiederzugeben imstande sein werde; denn ihr müsst erwägen, dass es nicht leicht, sondern schwierig ist, menschliche Verhältnisse so abzuschildern, dass man der Erwartung entspricht. Um euch nun hierauf aufmerksam zu machen und mir nicht weniger, sondern mehr Nachsicht für das von mir zu Erörternde zu erbitten, habe ich dies alles angeführt, mein Sokrates. Wenn ich euch also mit Recht diese Gabe zu erbitten scheine, so gewährt sie mir aus freiem Antriebe!

Sokrates: Warum sollten wir sie dir nicht gewähren, mein Kritias! Und eben so mag das gleiche auch sofort dem Hermokrates als dem Dritten von uns gewährt werden. Denn es lässt sich voraussehen, dass er gleich hernach, wenn er sprechen soll, sich dieselbe Gunst, wie ihr, erbitten wird. Damit er also einen anderen Anfang ausfindig mache und nicht sich gezwungen sehe, eben denselben vorzubringen, so mag er reden wie einer, der dieser Nachsicht bereits zuvor versichert ist. Ich eröffne dir jedoch, lieber Kritias, im voraus die Ansicht deiner Zuhörerschaft, dass die Dichtung deines Vorgängers einen so außerordentlichen Ruhm bei ihr eingelegt hat, dass die Nachsicht dir in der Tat in vollem Maße nötig sein wird, damit du die Fortsetzung derselben zu übernehmen imstande seiest.

Hermokrates: Damit kündigst du denn auch mir das gleiche an, mein Sokrates, wie dem Kritias. Indessen mutlose Männer haben noch nie ein Siegeszeichen errichtet, lieber Kritias, und so ziemt es dir denn, mutig zur Sache zu schreiten und nach Anrufung des Paian und der Musen die Vortrefflichkeit der alten Staatsbürger darzutun und zu verherrlichen.

Kritias: Mein lieber Hermokrates, du bist noch guten Mutes, weil erst hinterher die Reihe an dich kommt und du noch einen andern zum Vordermann hast. Wie es daher in Wahrheit mit diesem deinem Mut bestellt ist, wird schon die Sache selber dich lehren; wie dem aber auch sein mag, so ziemt es sich doch, deinem Zuspruch und deiner Ermutigung Folge zu leisten und neben den genannten Göttern auch alle anderen anzurufen, vor allem aber die Mnemosyne. Ruht doch der Haupterfolg meiner Rede ganz in der Macht dieser Göttin; denn wenn ich nur hinlänglich mich dessen zu erinnern und es hiernach zu berichten weiß, was einst von den Priestern dem Solon mitgeteilt und von ihm hierher mitgebracht wurde, so glaube ich zu wissen, dass ich meiner Zuhörerschaft hier meine Aufgabe so ziemlich werde gelöst zu haben scheinen. So mag es denn nun geschehen, und ich will nicht länger mehr zaudern.

Vor allem nun wollen wir uns zunächst das ins Gedächtnis zurückrufen, dass es im ganzen neuntausend Jahre her sind, seitdem, wie angegeben worden, der Krieg zwischen denen, welche jenseits der Säulen des Herakles und allen denen, welche innerhalb derselben wohnten, entstand, welchen ich jetzt vollständig zu erzählen habe. Nun wurde schon angeführt, dass an der Spitze der letzteren unsere Stadt stand und den ganzen

Krieg zu Ende führte, während über die ersteren die Könige der Insel Atlantis herrschten, welche, wie ich bemerkt habe, einst größer war als Libyen und Asien zusammen, jetzt aber durch Erderschütterungen untergegangen ist und dabei einen undurchdringlichen Schlamm zurückgelassen hat, welcher sich denen, die in das jenseitige Meer hinausschiffen wollen, als Hindernis ihres weiteren Vordringens entgegenstellt. Ein Bild nun der vielen übrigen ungriechischen Völker und sämtlicher Hellenenstämme, welche es damals gab, wird der Verfolg unserer Erzählung im einzelnen, wie es gerade die Gelegenheit mit sich bringt, entrollen; dagegen die Verhältnisse der alten Athener und ihrer Gegner, mit denen sie Krieg führten, das heißt die Macht und Staateinrichtungen von beiden, dagegen ist es nötig sogleich voraufzuschicken. Unter ihnen selber aber verdient die Schilderung der hiesigen Zustände den Vorrang.

Die Götter nämlich verteilten einst die ganze Erde nach ihren einzelnen Gegenden unter sich, und zwar ohne Streit, denn es würde keinen vernünftigen Sinn haben, anzunehmen, dass die Götter nicht gewusst haben sollten, was einem jeden von ihnen zukäme, oder aber, dass einige von ihnen das, was sie vielmehr als anderen zustehend erkannt, dennoch diesen abzustreiten und in ihren eigenen Besitz zu bringen versucht hätten. Durch rechtlich bestimmte Verteilung also erhielten sie, was ihnen lieb war, und wählten hiernach ihre Wohnsitze, und nachdem dies geschehen war, so zogen sie uns als ihre Besitztümer und Pfleglinge auf wie die Hirten ihre Herden, nicht so jedoch, dass sie mit körperlicher Gewalt unsere Körper lenkten, wie die Hirten ihr Vieh mit Schlägen, sondern sie führten und leiteten das ganze Menschengeschlecht, als das lenksamste aller lebendigen Wesen, gleichsam nur wie mit einem Steuerruder vom Schiffshinterteile aus, indem sie sich vermöge ihrer höheren Einsicht durch Überredung der Seelen bemächtigten. So nahmen denn nun, was andere Gegenden anlangt, andere Götter diese in Besitz und statteten sie aus; Hephaistos aber und Athene hatten, so wie sie von Natur zusammengehören, teils als Geschwister von väterlicher Seite her, teils wegen ihrer gleichen Liebe zur Wissenschaft und Kunst, so auch beide unser Land zum gemeinsamen Eigentume empfangen, weil dieses von Natur eine ihnen verwandte und angemessene Tüchtigkeit und Einsicht hervorzubringen geeignet war, und sie pflanzten daher wohlgeartete Männer als Eingeborene auf diesen Boden und legten darauf in ihren Geist die Anordnung der Staatsverfassung. Von diesen sind die Namen erhalten, ihre Taten aber wegen des Unterganges derer, die sie von ihnen überkamen, und der Länge der Zeit in Vergessenheit geraten. Denn das jedesmal übrig bleibende Geschlecht pflegt, wie schon früher bemerkt wurde, das auf den Bergen lebende und der Schrift unkundige zu sein, welches bloß die Namen der Herrscher im Lande gehört hat und dazu etwas Weniges von ihren Taten. Sie mussten sich daher damit begnügen, ihren Nachkommen diese Namen zu überliefern; die Tugenden und die Staatseinrichtungen ihrer Vorfahren aber kannten sie nicht, es sei denn einige dunkle Gerüchte über Einzelnes, und da sie überdies zusamt ihren Abkömmlingen viele Geschlechter hindurch an dem Notwendigen Mangel litten und daher vielmehr auf die Ausfüllung dieses Mangels ihren Sinn richten mussten, so sprachen sie auch vielmehr hierüber mit einander und vernachlässigten das einst bei ihren Vorfahren und vor alters Geschehene. Denn die Erzählung alter Sagen und die Erforschung der Vorzeit tritt erst mit der Muße in den Staaten ein, wenn sie die Sorge um die Notduft des Lebens bei manchen als eine schon überwundene vorfindet, und nicht früher. Darum also sind uns die Namen der Alten ohne ihre Taten erhalten geblieben. Dies aber nehme ich daraus ab, weil Solon erzählte, die Priester hätten über den damaligen Krieg dergestalt berichtet, dass sie jene alten Athener meistens mit allen denjenigen Namen benannten, – nämlich mit dem des Kekrops, Erechtheus, Erichthonios, Erysichthon und den meisten anderen –, wie ein jeder auch wirklich von den Vorgängern des Theseus im Umlauf ist, und ebenso sei es mit denen der Frauen gewesen. Und ebenso ist auch die Gestalt und das Bild der Göttin – denn wie damals die Geschäfte des Krieges Frauen und Männern gemeinsam waren, so sollen diesem Brauche entsprechend die damaligen Athener die gewappnete Göttin als Tempelbild geweiht haben – ein Beweis dafür, dass alle lebendigen Wesen, welche sich paarweise finden, weiblich und männlich, von Natur imstande dazu sind, die beiden Geschlechtern zukommende Tüchtigkeit auch beiderseits gemeinschaftlich in Ausübung zu bringen.

Es wohnten nun damals in diesem Lande mit einander die übrigen Klassen der Bürger, welche sich mit den Gewerben und mit dem Gewinne von den Früchten der Erde beschäftigten; das Geschlecht der Krieger aber, welches durch gottbegeisterte Männer gleich im Anfang von ihnen ausgesondert war, wohnte getrennt von ihnen, ausgerüstet mit allem, was zur Erziehung und Bildung erforderlich ist, und keiner von ihnen hatte ein ausschließliches Eigentum, sondern alle sahen das Eigentum aller als ihnen gemeinsam an, so wie sie denn auch über den erforderlichen Unterhalt hinaus irgend etwas von den übrigen Bürgern anzunehmen verschmähten, und überhaupt alle diejenigen Bestrebungen wirklich verfolgten, welche gestern den bloß vorausgesetzten Wächtern zugeschrieben wurden.

Aber auch was sodann in betreff unseres Landes erzählt wurde, ist glaubwürdig und wahr: zuerst, dass sich damals seine Grenzen bis an den Isthmos und gegen das übrige Festland bis zu den Höhen des Kithairon und Parnes ausgedehnt, und dass sich diese Grenzen dergestalt abwärts gezogen hätten, dass sie das Gebiet von Oropos zur Rechten hatten, zur Linken aber den Asopos vom Meere abgrenzten; sodann aber, dass an Fruchtbarkeit die ganze Erde von unserem Lande übertroffen wurde, weshalb denn dasselbe auch imstande gewesen wäre, ein großes Heer von Einwohnern zu ernähren. Ein bedeutender Beweis aber für diese Güte des Bodens ist der Umstand, dass auch der gegenwärtige Überrest desselben in Ergiebigkeit an jeglicher Frucht und an Nahrung für jede Art lebender Wesen es noch mit allen anderen Ländern aufnimmt; damals aber gar trug er dies alles in Schönheit und reichlicher Fülle. Wie nun aber möchte dies noch näher als glaubwürdig erscheinen, nämlich inwiefern dies gegenwärtige Land mit Recht ein Überrest des damaligen heißen? Das Ganze, so wie es vom übrigen Festlande ab sich langhin in das Meer erstreckt, liegt da, wie ein Vorgebirge; denn das Meeresbecken, welches es umgibt, ist hart an seinen Gestaden überall von großer Tiefe; und da nun viele bedeutende Überschwemmungen während der neuntausend Jahre Statt gefunden haben – denn so viele sind ja deren seit jener Zeit bis auf die gegenwärtige verstrichen –, so hat die Erde, welche während dieser Zeit und unter diesen Einwirkungen von den Höhen herabgeflossen ist, nicht, wie in anderen Gegenden, einen Damm, welcher der Rede wert wäre, aufgeworfen, sondern ist jedes Mal im Kreise herumgeflossen und so in der Tiefe verschwunden. So sind denn, wie es auch bei kleinen Inseln zu geschehen pflegt, im Vergleich zu dem damaligen Lande in dem gegenwärtigen gleichsam wie von einem durch Krankheit dahingeschwundenen Körper nur noch die Knochen übrig geblieben, indem die Erde, so weit sie fett und weich war, ringsherum abgeflossen und nur das magere Gerippe des Landes zurückgelassen ist. Damals aber, als es noch unversehrt war, waren seine Berge hoch und mit Erde bedeckt, und ebenso waren seine Ebenen, welche jetzt als Steinboden bezeichnet werden, voll fetter Erde; auch trug es vieles Gehölz auf den Bergen, von welchem es auch jetzt noch deutliche Spuren gibt. Denn von den Bergen bieten zwar einige jetzt nur noch den Bienen Nahrung dar, es ist aber noch nicht gar lange Zeit her, als noch Dächer, welche aus den Bäumen verfertigt waren, die man dort als Sparrenholz für die größten Gebäude fällte, unversehrt dastanden. Es gab aber auch noch viel andere hohe Bäume, und zwar Fruchtbäume, und für die Herden brachte das Land unglaublich reiche Weide hervor. Ferner genoss es einer jährlichen Bewässerung vom Zeus, und verlor diese auch nicht wieder, wie jetzt, wo sie von dem dünnen Fruchtboden ins Meer abfließt, sondern wie es diesen damals reichlich besaß, so sog es auch den Regen in ihn ein und bewahrte ihn in einer Umschließung von Tonerde auf, indem es das eingesogene Wasser von den Höhen in die Tiefen hinabfließen ließ, und bereitete so an allen Orten reichhaltige Quellen und Flüsse, von denen auch noch jetzt da, wo einst ihre Ursprünge waren, heilige Merkzeichen für die Wahrheit meiner gegenwärtigen Erzählung über unser Land geblieben sind.

Also war nun das übrige Land von Natur beschaffen und ward

auch in gehöriger Weise angebaut von Ackerleuten, die in Wahrheit diesen Namen verdienten und sich eben nur hiermit beschäftigten und dabei pflichteifrig und von tüchtigem Schlage waren, so wie ihnen denn ja auch der schönste Boden und Wasser in reicher Fülle und in der Luft die trefflichste Mischung der Jahreszeiten zu Teil geworden war. Die Stadt aber war in der damaligen Zeit auf folgende Weise angelegt. Die Burg zuvörderst befand sich damals in anderen Umgebungen als jetzt. Denn jetzt hat eine besonders regnerische Nacht die Erde ringsherum aufgelockert und von ihr weggespült, indem zugleich Erdbeben und eine gewaltige Wasserflut, die dritte vor der Zerstörung zu Deukalions Zeit, entstanden waren. Sodann zog sich ihre Ausdehnung in früherer Zeit bis zum Eridanos und Ilissos hinab, faßte die Pnyx in sich und hatte der Pnyx gegenüber den Berg Lykabettos zur Grenze; auch war die ganze Höhe mit Erde bedeckt und mit wenigen Ausnahmen eben auf ihrer Oberfläche. Es wurde aber die Gegend außerhalb derselben, unmittelbar unter ihren Abhängen, von den Handwerkern und denjenigen Landleuten, welche den nahe gelegenen Acker bebauten, bewohnt; die Höhe selbst aber war um das Heiligtum der Athene und des Hephaistos herum von dem Geschlecht der Krieger gesondert für sich in Besitz genommen, indem sie dasselbe wie den Garten eines gemeinsamen Hauses mit einer einzigen Mauer umgeben hatten. Sie bewohnten nämlich den nördlichen Teil der Burg, wo sie mit gemeinschaftlichen Häusern und Speisesälen für den Winter und überhaupt mit allem, was in ihrem Gemeinwesen zur Einrichtung von Gebäuden für sie selbst und die Priester erforderlich war, ausgerüstet waren, jedoch nicht mit Gold und Silber, denn dessen bedienten sie sich niemals in irgend welcher Art;

und wie sie vielmehr überhaupt zwischen Übermut und unfreiem Sinne die Mittelstraße verfolgten, so waren auch ihre Wohnungen von mäßig guter Einrichtung, in denen sie selbst und noch ihre Kindeskinder alt wurden, und wie das eine Geschlecht stets dem anderen ähnlich war, so übergab es ihm diese auch immer in dem gleichen Zustande. Was aber den südlichen Teil der Burg anlangt, so gebrauchten sie ihn zu dem gleichen Zwecke, wenn sie, wie dies im Sommer zu geschehen pflegte, ihre besonders dazu eingerichteten Gärten, Übungsplätze und Speisesäle verließen. Es gab ferner damals nur einen einzigen Born an dem Punkte, wo jetzt die Burg steht, nach dessen Versiegen in Folge von Erdbeben noch die kleinen Wässerchen von ihm übrig geblieben sind, welche sich rings um sie herumziehen, er gewährte aber eine völlig zureichende Wassermenge für alle, die damals lebten, und besaß im Winter wie im Sommer das richtige Wärmeverhältnis. In dieser Weise also wohnten sie dort, als Beschützer ihrer eignen Mitbürger, so wie frei gewählte Führer aller andern Hellenen, und wachten nach Möglichkeit dafür, dass die Zahl ihrer eigenen kriegstüchtigen Mitglieder – an Männern und Weibern – für ewige Zeiten dieselbe bleibe, welche auch damals bereits sich auf ungefähr zwanzigtausend belief.

Da sie nun also von solcher Beschaffenheit waren und etwa in der beschriebenen Weise ihren eigenen Staat sowie ganz Griechenland mit Gerechtigkeit lenkten, so waren sie in ganz Europa und Asien sowohl wegen ihrer Körperschönheit als auch wegen ihrer mannigfachen geistigen Vorzüge angesehen, ja die namhaftesten unter allen damals lebenden Völkern. Doch nun will ich auch die Verhältnisse ans Licht stellen, wie sei bei ihren Gegner bestanden und wie sie sich von Anfang an bei diesen entwickelten – wenn anders mich mein Gedächtnis nicht bei dem, was ich bereits als Knabe gehört habe, im Stiche lässt – um auch euch, meinen Freunden, die Kunde hiervon mitzuteilen.

Indessen muss ich meinem Berichte noch die Bemerkung unmittelbar voraufschicken, dass ihr euch nicht etwa wundern möget, wenn ihr ungriechischen Männern griechische Namen geben hört: denn ihr sollt den Grund davon erfahren. Da nämlich Solon ja diese Erzählung zu einem Gedichte zu verwenden bezweckte, so forschte er nach der Bedeutung der Namen, und da fand er nun, daß jene alten Ägypter, welche sie zuerst aufgezeichnet, sie in ihre eigene Sprache übersetzt hatten, und so nahm er seinerseits gleichfalls wieder den Sinn jedes Namens vor und schrieb ihn so nieder, wie er, in unsere Sprache übertragen, lautete. Und diese Aufzeichnungen befanden sich denn auch bei meinem Großvater, und ich besitze sie noch, und sie sind von mir in meinen Knabenjahren sorgfältig durchgelesen worden. Wenn ihr daher ebensolche Namen hört, wie hier zu Lande, so lasst euch das nicht Wunder nehmen, denn ihr wisst jetzt die Ursache davon. Von der langen Erzählung lautete der Anfang nun damals ungefähr folgendermaßen.

Wie schon im Obigen erzählt wurde, dass die Götter die ganze Erde unter sich teils in größere, teils in kleinere Teile verteilt und sich selber ihre Heiligtümer und Opferstätten gegründet hätten, so fiel auch dem Poseidon die Insel Atlantis zu, und er verpflanzte seine Sprösslinge, die er mit einem sterblichen Weib erzeugt hatte, auf einen Ort der Insel von ungefähr folgender Beschaffenheit: Ziemlich in der Mitte der ganzen Insel, jedoch so, dass sie an das Meer stieß, lag eine Ebene, welche von allen Ebenen die schönste und von ganz vorzüglicher Güte des Bodens gewesen sein soll. Am Rande dieser Ebene aber lag wiederum, und zwar etwa sechzig Stadien vom Meer entfernt, ein nach allen Seiten niedriger Berg. Auf diesem nun wohnte einer von den daselbst im Anfange aus der Erde entsprossenen Männern, namens Euenor, zusamt seiner Gattin Leukippe, und sie hatten eine einzige Tochter, Kleito, erzeugt. Als nun dies Mädchen in das Alter der Mannbarkeit gekommen war, starben ihr Mutter und Vater; Poseidon aber ward von Liebe zu ihr ergriffen und verband sich mit ihr. Er trennte deshalb auch den Hügel, auf welchem sie wohnte, rings herum durch eine starke Umhegung ab, indem er mehrere kleinere und größere Ringe abwechselnd von Wasser und von Erde um einander fügte, und zwar ihrer zwei von Erde und drei von Wasser, und mitten aus der Insel gleichsam herauszirkelte, so dass ein jeder in allen seinen Teilen gleichmäßig von den anderen entfernt war; wodurch denn der Hügel für Menschen unzugänglich ward, denn Schiffe und Schifffahrt gab es damals noch nicht. Für seine Zwecke aber stattete er die in der Mitte liegende Insel, wie es ihm als einem Gotte nicht schwer ward, mit allem Nötigen aus, indem er zwei Wassersprudel, den einen warm und den anderen kalt, dergestalt, dass sie aus einer gemeinsamen Quelle flossen, aus der Erde emporsteigen und mannigfache und reichliche Frucht aus ihr hervorgehen ließ. An männlicher Nachkommenschaft aber erzeugte er fünf Zwillingspaare und zog sie auf, zerlegte sodann die ganze Insel Atlantis in zehn Landgebiete und teilte von ihnen dem Erstgeborenen des ältesten Paares den Wohnsitz seiner Mutter und das umliegende Gebiet, als das größte und beste, zu und bestellte ihn auch zum König über die anderen Söhne; aber auch diese machte er zu Herrschern, indem er einem jeden die

Herrschaft über viele Menschen und vieles Land verlieh. Auch legte er allen Namen bei, und zwar dem ältesten und Könige den, von welchen auch die ganze Insel und das Meer, welches ja das atlantische heißt, ihre Benennungen empfingen; nämlich Atlas ward dieser erste damals herrschende König geheißen. Dem nach ihm geborenen Zwillingsbruder ferner, welcher den äußersten Teil der Insel, von den Säulen des Herakles bis zu der Gegend, welche jetzt die gadeirische heißt und von der damals so genannten diese Bezeichnung empfangen hat, als seinen Anteil erhielt, gab er in der Landessprache den Namen Gadeiros, welcher auf griechisch Eumelos lauten würde und auch jene Benennung des Landes hervorrufen sollte. Von dem zweiten Paare sodann nannte er den einen Ampheres und den andern Euaimon, von dem dritten den erstgebornen Mnaseas und den folgenden Autochthon, von dem vierten den ersten Elasippos und den zweiten Mestor, von dem fünften endlich empfing der Frühgeborene den Namen Azaës und der etztgeborne den Namen Diaprepes. Diese alle nun samt ihren Abkömmlingen wohnten hier viele Geschlechter hindurch und beherrschten auch noch viele andere Inseln des Meeres, überdies aber, wie schon vorhin bemerkt wurde, auch noch die hier innerhalb Wohnenden bis nach Ägypten und Tyrrhenien hin.

Vom Atlas nun stammte ein zahlreiches Geschlecht, welches auch in seinen übrigen Gliedern hochgeehrt war, namentlich aber dadurch, dass der jedesmalige König die königliche Gewalt immer den ältesten seiner Söhne überlieferte, viele Geschlechter hindurch sich den Besitz dieser Gewalt und damit eines Reichtums von solcher Fülle bewahrte, wie er wohl weder zuvor in irgend einem Königreiche bestanden hat, noch so leicht künftig wieder bestehen wird, und war mit allem verse-

40

hen, was in der Sta V dt und im übrigen Lande herbeizuschaffen nötig war. Denn vieles ward diesen Königen von auswärtigen Ländern her infolge ihrer Herrschaft über diese zugeführt, das meiste aber bot die Insel selbst für die Bedürfnisse des Lebens dar, zunächst alles, was durch den Bergbau gediegen oder in schmelzbaren Erzen hervorgegraben wird, darunter auch die Gattung, welche jetzt nur noch ein Name ist, damals aber mehr als dies war, nämlich die des Goldkupfererzes, welches an vielen Stellen der Insel aus der Erde gefördert und unter den damals lebenden Menschen nächst dem Golde am höchsten geschätzt ward. Ferner brachte sie alles, was der Wald zu den Arbeiten der Handwerker darbietet, in reichem Maße hervor und nährte reichlich wilde und zahme Tiere. Sogar die Gattung der Elefanten war auf ihr sehr zahlreich, denn nicht bloß für die übrigen Tiere insgesamt, welche in Sümpfen, Teichen und Flüssen, sowie für die, welche auf den Bergen und welche in den Ebenen leben, war reichliches Futter vorhanden, sondern in gleichen Maße auch selbst für diese Tiergattung, die die größte und gefräßigste von allen ist. Was überdem die Erde jetzt nur irgend an Wohlgerüchen nährt, sei es von Wurzeln oder Gras oder Hölzern oder hervorquellenden Säften oder Blumen oder Früchten, das alles trug und hegte die Insel vielfältig; nicht minder die »milde Frucht« (den Wein) und die trockene, deren wir zur Nahrung bedürfen (Getreide), und alle, deren wir uns sonst zur Speise bedienen und deren Arten wir mit dem gemeinsamen Namen der Gemüse bezeichnen; ferner die, welche baumartig wächst und Trank und Speise und Salböl zugleich liefert; ferner die schwer aufzubewahrende Frucht der Obstbäume, welche uns zur Freude und zur Erheiterung geschaffen ist, und was wir zum Nachtisch aufzutragen pflegen als erwünschte Reizmittel des angefüllten Magens für die Übersättigten, – dies alles brachte die Insel, die damals durchweg den Einwirkungen der Sonne zugänglich war, in vortrefflicher und bewundernswerter Gestalt und in der reichsten Fülle hervor. Indem nun Atlas und seine Nachkommen dies alles aus der Erde empfingen, gründeten sie Tempel, Königshäuser, Häfen und Schiffswerfte, und richteten auch das ganze übrige Land ein, wobei sie nach folgender Anordnung verfuhren:

Zuerst schlugen sie Brücken über die Ringe von Wasser, welche ihre alte Mutterstadt umgaben, um sich so einen Weg von und zu der Königsburg zu schaffen. Diese errichteten sie nämlich gleich im Anfange eben auf jenem Wohnsitze des Gottes und ihrer Vorfahren, und so empfing sie der eine von dem anderen, indem ein jeder ihre Ausstattung erweiterte und nach Kräften seinen Vorgänger darin überbot, bis sie denn endlich diesen ihren Wohnsitz durch die Größe und Schönheit ihrer Werke zu einem staunenswerten Anblicke gemacht hatten: Zuerst nämlich gruben sie einen Kanal von drei Plethren Breite, hundert Fuß Tiefe und fünfzig Stadien Länge vom Meer aus bis zu dem äußersten Ringe hin, und machten so eine Einfahrt vor der See in denselben wie in einen Hafen möglich, indem sie die Einmündung in ihn weit genug zum Einlaufen für die größten Schiffe brachen. Sodann durchbrachen sie aber auch die Kreiswälle von Erde, welche die Wasserringe von einander trennten, unterhalb der Brücken in einer solchen Breite, dass für einen einzelnen Dreiruderer die Durchfahrt von dem einen durch den anderen möglich ward, und überbrückten dann wieder den Durchstich, so dass die Schiffahrt hier eine unterirdische war; die Ränder der Erdwälle hatten nämlich eine Höhe, welche hinlänglich über das Meer emporragte. Es war aber der weiteste von den Ringen, welche einst aus dem Meere gebildet waren, drei Stadien breit, und ebenso der zunächst auf ihn folgende Wallring, von den beiden nächsten Ringen aber der aus Wasser bestehende zwei, und ebenso war ihm wiederum der aus Erde aufgehäufte an Breite gleich, endlich der unmittelbar um die Insel herumlaufende ein Stadium, und die Insel selbst, auf welcher die Königsburg stand, hatte fünf Stadien im Durchmesser. Diese selbst nun umgaben sie rings herum, und ebenso die Ringe und die Brücke, welche ein Plethron breit war, von beiden Seiten mit je einer steinernen Mauer und errichteten bei den Brücken nach beiden Seiten hin Türme und Tore gegen die Durchfahrten vom Meere zu. Die Steine dazu aber, welche teils weiß, teils schwarz und teils rot waren, brachen sie unten an den Abhängen der in der Mitte gelegenen Insel ringsherum und ebenso unten an den Wallrändern nach außen und nach innen zu, und dadurch, dass sie sie dort herausschlugen, erlangten sie zugleich innerhalb derselben auf beiden Seiten Höhlungen zu Schiffsarsenalen, welche den Felsen selber zur Decke hatten. Auch andere Gebäude errichteten sie aus jenen Steinen, und zwar teils einfarbige, teils auch bunte, indem sie sie aus verschiedenfarbigen Steinen zum Genuß für das Auge zusammensetzten und ihnen dadurch ihren vollen natürlichen Reiz gaben. Die Mauer endlich, welche um den äußeren Wall herumlief, fassten sie ihrem ganzen Umfange nach mit Erz ein, indem sie dieses gleichsam wie ein Salböl anwandten; die um den innern aber umschmolzen sie mit Zinn, endlich die Burg selbst mit Goldkupfererz, welches einen feuerähnlichen Glanz hatte.

Die königliche Wohnung innerhalb der Burg selbst aber war

folgendermaßen eingerichtet. Inmitten der letzteren befand sich ein der Kleito und dem Poseidon geweihter Tempel, welcher nur von den Priestern betreten werden durfte und mit einer goldenen Mauer umgeben war, derselbe, in welchem sie einst das Geschlecht der zehn Fürsten erzeugt und hervorgebracht hatten. Dahin schickte man auch jedes Jahr aus allen zehn Landgebieten die Erstlinge als Opfer für einen jeden von diesen. Ferner stand dort ein besonderer Tempel des Poseidon, von einem Stadium Länge, drei Plethren an Breite und von einer Höhe, wie sie einen dem entsprechenden Anblick gewährte, er hatte aber ein etwas barbarisches Ansehen. Den ganzen Tempel nun überzogen sie von außen mit Silber, mit Ausnahme der Zinnen, die Zinnen aber mit Gold. Was aber das Innere anbetrifft, so konnte man die elfenbeinerne Decke ganz mit Gold und Goldkupfererz verziert sehen, alles andere an Mauern, Säulen und Estrichen überkleideten sie mit Goldkupfererz. Auch stellten sie goldene Bildsäulen darin auf, nämlich den Gott selber, wie er, auf seinem Wagen stehend, sechs geflügelte Rosse lenkt, und der seinerseits so groß gebildet war, dass er mit dem Haupte die Decke berührte, rings um ihn herum aber die hundert Nereïden auf Delphinen; denn so viel, glaubte man damals, seien ihrer; außerdem befanden sich aber auch noch viele andere Bildwerke als Weihgeschenke von Privatleuten im Tempel. Außerhalb aber standen rings um denselben die Bildsäulen von allen insgesamt, nämlich von den zehn Königen selbst und ihren Weibern und allen, welche von ihnen entsprossen waren, und viele andere große Weihgeschenke von den Königen wie von Privatleuten teils aus der Stadt selbst, teils aus allen von ihnen beherrschten Gebieten außerhalb derselben. Auch der Altar entsprach an Größe so wie an Arbeit dieser Ausstattung, und ebenso war auch die königliche Wohnung ebensosehr der Größe der Herrschaft wie andererseits dem auf die Heiligtümer verwandten Schmucke angemessen. Von den beiden Quellen aber, sowohl der von kaltem als der von warmen Wasser, welche dessen eine reiche Fülle enthielten und es beide an Wohlgeschmack und Güte zum Gebrauche in ganz bewundernswerter Vortrefflichkeit darboten, zogen sie Nutzen, indem sie Gebäude und Baumpflanzungen, wie sie zu den Wassern sich schickten, ringsumher anlegten und ferner Wasserbehälter teils unter freiem Himmel, teils zu warmen Bädern für den Winter in bedeckten Räumen in der Umgebung einrichteten, und zwar deren besondere für die Könige und besondere für die Untertanen, ferner noch andere für die Weiber und wieder für die Pferde und die übrigen Zugtiere, und einem jeden von diesen allen die ihm angemessene Ausstattung gaben. Das abfließende Wasser aber leiteten sie in den Hain des Poseidon, welcher Bäume von mannigfacher Art und von ganz vorzüglicher Höhe und Schönheit in Folge der Güte des Bodens umfasste, teils aber auch durch Kanäle über die Brücken weg in die äußeren Ringe hinein. In der Nähe dieser Wasserleitungen wurden denn auch Heiligtümer vieler Götter, ferner viele Gärten und Übungsplätze angelegt, und zwar besondere für die auf den menschlichen Körper beschränkten Übungen und besondere für die mit dem Wagengespann aus jeder von beiden aus den Wällen bestehenden Inseln; und überdies besaßen sie auch in der Mitte der größeren Insel eine ausgesuchte Rennbahn, welche ein Stadium breit und deren Länge im ganzen Umkreise zum Wettkampfe für die Rosse eingerichtet war. Um dieselbe herum lagen auf beiden Seiten die Wohnungen für die Mehrzahl der

Trabanten. Die zuverlässigeren unter ihnen aber hatten ihre Wache auf dem kleineren und näher an der Burg gelegenen Wallring, den vor allen anderen an Zuverlässigkeit ausgezeichneten endlich waren ihre Wohnungen auf der Burg selber um den Königspalast herum gegeben. Die Schiffsarsenale aber waren voll von Dreiruderern und von allem, was zu der Ausrüstung von Dreiruderern gehört, wovon alles in reichem Maße in Bereitschaft gehalten wurde.

Solches war nun also die Ausrüstung der königlichen Wohnung. Wenn man aber die drei außerhalb derselben befindlichen Häfen hinter sich hatte, so traf man auf eine Mauer, welche vom Meere begann und im Kreis herumlief, von dem größten Ringe und zugleich Hafen aber überall fünfzig Stadien entfernt war und an derselben Stelle bei der Mündung des Kanals in das Meer wieder abschloss. Dieses Ganze aber war mit vielen und dichtgedrängten Wohnungen umgeben, und die Ausfahrt sowie der größte Hafen wimmelten von Schiffen und Kaufleuten, welche aus allen Gegenden hierher kamen und bei Tage wie bei Nacht Geschrei, Getümmel und Getöse mannigfacher Art wegen ihrer Menge verursachten.

Über die Stadt und jenen einstigen Wohnsitz der Könige habe ich nun so ziemlich das, was mir damals erzählt wurde, mitgeteilt; nun muß ich aber auch noch versuchen, über die natürliche Beschaffenheit des übrigen Landes und die Art seiner Verwaltung zu berichten. Zunächst nun wurde mir das Land im ganzen als sehr hochgelegen und steil aus dem Meere aufsteigend geschildert, die Gegend um die Stadt her dagegen durchweg als eine Ebene, welche sie umschloß, ihrerseits aber wieder rings herum von Bergen eingeschlossen wurde, die sich bis zum Meere hinabzogen, und zwar als eine ganz glatte und gleichmäßige Fläche, die in ihrer Gesamtausdehnung eine längliche Gestalt hatte, indem diese nach der Seite zu dreitausend Stadien, in der Mitte aber vom Meere aufwärts nur zweitausend betrug. Von der ganzen Insel nämlich lag dieser Teil nach der Südseite zu, indem er sich von Norden nach Süden erstreckte. Die Berge aber, welche ihn umgaben, wurden damals als solche gepriesen, welche an Menge, Größe und Schönheit alle jetzt vorhandenen übertrafen, indem sie viele Flecken mit einer reichen Zahl von Bewohnern, ferner Flüsse, Seen und Auen, welche allen möglichen zahmen und wilden Tieren hinreichendes Futter darboten, sowie endlich Waldungen in sich fassten, welche in bunter Menge und in der größten Mannigfaltigkeit aller Gattungen einen reichhaltigen Stoff zu den Arbeiten jeder Art, im Großen wie im Kleinen, lieferten. Auf diese Weise war die Ebene von der Natur ausgestattet, und viele Könige hatten nicht minder an ihrer weiteren Ausstattung gearbeitet. Zum größten Teile bildete sie nämlich wirklich bereits ein vollständiges Rechteck; wo es aber noch an der vollen Regelmäßigkeit dieser Gestalt fehlte, war ihr dieselbe dadurch gegeben worden, dass sie auf allen Seiten einen Graben herumgezogen hatten. Was mir nun von dessen Tiefe, Breite und Länge erzählt ward, das könnte unglaublich erscheinen für ein von Menschenhänden gearbeitetes Werk; es könnte unglaublich erscheinen, dass sie zu ihren vielen anderen Arbeiten auch noch diese von so gewaltiger Ausdehnung unternommen hätten; dennoch muss ich darüber berichten, wie ich es gehört habe. Nämlich ein Plethron tief ward er gegraben und überall ein Stadion breit, und als er nun die ganze Ebene herumgezogen war, da ergab sich für ihn eine Länge von zehntausend Stadien. Er nahm auch die von den Bergen herabflie-

ßenden Wasser auf, und da er rings um die Ebene herumge-
führt war und die Stadt auf beiden Seiten berührte, so ließ er
diese auf folgende Weise ins Meer abfließen. Von seinem obe-
ren Teile her wurden nämlich von ihm ungefähr hundert Fuß
breite Kanäle in gerader Linie in die Ebene geleitet, welche
wieder in den großen vom Meere aus gezogenen Kanal ein-
mündeten und von einander hundert Stadien entfernt waren.
Auf ihnen brachten sie denn auch das Holz von den Bergen in
die Stadt; aber auch alle anderen Landeserzeugnisse holten sie
zu Wasser heran, indem sie wieder Überfahrten aus den Kanälen in einander nach der Quere zu und ebenso nach der Stadt
hin gruben. Auch ernteten sie in Folge dessen zweimal des
Jahres ein, indem ihnen im Winter der Regen des Zeus dazu
verhalf, im Sommer aber die Bewässerung, welche das Land
selber in sich trug, dadurch, dass sie sie aus den Kanälen
herzuleiteten.

Was aber die Zahl der Bewohner anbetrifft, so Bestand die
Anordnung, dass in der Ebene selbst an kriegstüchtigen Männern jedes Grundstück einen Anführer zu stellen hatte; die
Größe eines jeden Grundstückes aber betrug gegen hundert
Quadratstadien, und die Zahl von ihnen allen sechzigtausend;
auf den Gebirgen dagegen und im übrigen Lande zählte man
eine unsägliche Menschenmasse, alle jedoch waren nach ihren
Ortschaften und Flecken je einem dieser Grundstücke und
Führer zugeteilt. Die Führer nun aber hatten die Verpflichtung
zum Kriege ihrer sechs zusammen einen Kriegswagen zu stellen, so dass deren insgesamt zehntausend wurden, ferner ein
jeder zwei Rosse und Reiter, dazu noch ein Zwiegespann ohne
Sessel, welches mit einem Krieger bemannt war, der einen
kleinen Schild trug und auch herabsteigend zu Fuße kämpfte;

außer diesem Wagenkämpfer aber mit einem Lenker für die beiden Rosse, ferner zwei Schwerbewaffnete und an Bogen- und Schleuderschützen je zwei, und ebenso an Stein- und Speerwerfern ohne Rüstung je drei; endlich vier Seeleute zur Bemannung von zwölfhundert Schiffen. So war das Kriegswesen in dem königlichen Staate angeordnet; in den anderen neun Staaten aber auf verschiedene Weise, deren Erörterung zu lange Zeit in Anspruch nehmen würde.

Die Verhältnisse der obrigkeitlichen Gewalt und der Staatswürden aber waren vom Anbeginn her folgendermaßen geordnet: Von den zehn Königen herrschte ein jeder in dem ihm überkommenen Gebiete von seiner Stadt aus über die Bewohner und stand über den meisten Gesetzen dergestalt, dass er strafte und hinrichten ließ, wen immer es ihm gut dünkte. Die Herrschaft über sie selbst aber ward gegenseitig und gemeinschaftlich geführt nach den Anordnungen des Poseidon, wie sie ein Gesetz ihnen überlieferte, welches von ihren Vorfahren auf eine Säule von Goldkupfererz eingegraben war, die in der Mitte der Insel, nämlich im Heiligtum des Poseidon, stand. Hierher kamen sie denn auch abwechselnd bald jedes fünfte und bald jedes sechste Jahr zusammen, um der geraden und der ungeraden Zahl ein gleiches Recht angedeihen zu lassen, und berieten sich auf diesen Zusammenkünften teils über die gemeinsamen Angelegenheiten, teils hielten sie Nachforschung danach, ob einer von ihnen irgend eine Übertretung begangen, und saßen darüber zu Gericht. Wenn sie aber zum Gerichte schritten, so gaben sie einander zuvor folgendes Unterpfand der Treue. Nachdem sie zu dem Gotte gebetet, dass es ihnen gelingen möge, das Opfertier, welches ihm genehm sei, zu fangen, stellten sie zehn ganz allein unter den Stieren, die da frei in Heiligtume des Poseidon weideten, eine Jagd ohne Eisen bloß mit Knitteln und Stricken an, und denjenigen von den Stieren, welchen sie fingen, brachten sie oben auf die Säule hinauf und schlachteten ihn dort unmittelbar über jener Inschrift. Auf der Säule befand sich aber außer dem Gesetze noch eine Schwurformel, welche gewaltige Verwünschungen über diejenigen aussprach, welche ihm nicht gehorchten. Wenn sie nun so nach ihren Bräuchen beim Opfer dem Gotte alle Glieder des Stieres geweiht hatten, so richteten sie einen Mischkessel zu und warfen in diesen für jeden einen Tropfen geronnenen Blutes, alles übrige aber warfen sie ins Feuer, nachdem sie die Säule ringsherum gereinigt hatten. Hierauf schöpften sie mit goldenen Trinkschalen aus dem Mischbecher, und während sie dann aus ihnen die Spenden ins Feuer gossen, schwuren sie dabei, nach den Gesetzen auf der Säule zu richten und es zu strafen, wenn einer von ihnen zuvor einen Frevel begangen, und ebenso wiederum in Zukunft keine von jenen Vorschriften absichtlich zu verletzen und weder anders zu herrschen, noch einem andern Herrscher zu gehorchen, als dem, welcher nach den Gesetzen des Vaters regierte. Nachdem ein jeder von ihnen dies für sich selbst und für sein Geschlecht gelobt hatte, trank er und weihte sodann die Becher als Geschenk für das Heiligtum des Gottes, und sodann wandten sie sich zum Mahle, um auch den Anforderungen ihres Körpers Genüge zu tun. Sobald es aber dunkel ward, und das Opferfeuer verglomm, dann kleideten sich alle sofort in ein blaues Gewand von der allerhöchsten Schönheit und so, bei der Glut der Eidesopfer auf der Erde sitzend, indem sie gänzlich das Feuer im Heiligtume auslöschten, empfingen und sprachen sie Recht bei der Nacht, wenn etwa der eine von ihnen den andern irgend einer Übertretung anklagte. Nach vollzogenem Urteil aber schrieben sie die Richtersprüche, sobald es Tag ward, auf einer goldenen Tafel auf und weihten diese samt jenen Gewändern zum Denkzeichen. Es gab aber noch viele andere Gesetze, welche die Rechte der Könige für einen jeden im besonderen bestimmten, über allen jedoch stand dies, dass sie niemals gegen einander die Waffen führen, vielmehr einander insgesamt Hilfe leisten, wenn etwa einer von ihnen in irgend einer Stadt das königliche Geschlecht auszurotten versuchte, und dass sie nach gemeinsamer Beratung, gleich wie ihre Vorfahren, ihre Beschlüsse über den Krieg und alle anderen Angelegenheiten fassen und ausführen, den Vorsitz und Oberbefehl dabei aber dem Geschlechte des Atlas überlassen sollten. Die Vollmacht, einen seiner Verwandten hinrichten zu lassen, sollte ferner einem Könige nicht zu Gebote stehen, es sei denn, dass über die Hälfte von den Zehn es genehmigt hätte.

Diese Macht von solcher Art und Ausdehnung, wie sie damals in jenen Gegenden bestand, führte der Gott, indem er sie zusammentreten ließ, nun auch gegen unser Land, wozu, wie es heißt, ungefähr folgende Verhältnisse Anlass gaben. Viele Geschlechter hindurch, so lange noch irgend die Natur des Gottes in ihnen wirksam war, waren sie den Gesetzen gehorsam und zeigten ein befreundetes Verhalten gegen das ihnen verwandte Göttliche. Denn sie besaßen wahrhafte und durchgehends große Gesinnungen, indem sie eine mit Klugheit gepaarte Sanftmut allen etwaigen Wechselfällen des Schicksals gegenüber sowie gegen einander an den Tag legten; und da sie eben deshalb alles Andere außer der Tugend für wertlos ansahen, so achteten sie alle vorhandenen Glücksgüter geringe und betrachteten mit Gleichmut und mehr wie eine Last die Masse ihres Goldes und ihrer übrigen Besitztümer; und nicht kamen sie, berauscht von dem Schwelgen in ihrem Reichtum, so dass sie durch ihn die Herrschaft über sich selbst verloren hätten, zu Falle, sondern erkannten mit nüchternem Scharfblick, dass dies alles nur durch die gemeinsame Freundschaft im Verein mit der Tugend sein Gedeihen empfängt, durch den Eifer und das Streben nach ihm dagegen nicht bloß selber entschwindet, sondern auch jene mit sich zu Grunde richtet. Infolge dieser Grundsätze und der fortdauernden Wirksamkeit der göttlichen Natur in ihnen gedieh ihnen denn das alles, was ich euch vorhin mitgeteilt habe. Als aber ihr Anteil am Wesen des Gottes durch die vielfache und häufige Beimischung des Sterblichen in ihnen zu schwinden begann und die menschliche Art überwog, da erst waren sie dem vorhandenen Reichtum nicht mehr gewachsen und entarteten und erschienen dem, welcher es zu erkennen vermochte, niedrig, indem sie von allem, was in Ehren zu stehen verdient, gerade das Schönste zu Grunde richteten; denen aber, die ein wahrhaft zur Glückseligkeit führendes Leben nicht zu erkennen im Stande waren, schienen sie damals erst recht in aller Herrlichkeit und Seligkeit dazustehen, als sie ungerechten Gewinn und ungerecht erworbene Macht im Überflusse besaßen. Der Gott der Götter aber, Zeus, welcher nach den Gesetzen herrscht und solches wohl zu erkennen vermag, beschloss, als er ein treffliches Geschlecht so schmählich herunterkommen sah, ihnen Strafe dafür aufzuerlegen, damit sie, durch dieselbe zur Besinnung gebracht, zu einer edleren Lebensweise zurückkehrten. Er berief daher alle Götter in ihren ehrwürdigsten Wohnsitz zusammen, welcher in der Mitte des Weltalls liegt und eine Überschau aller Dinge gewährt, die je des Werdens teilhaftig wurden, und nachdem er sie zusammenberufen hatte, sprach er -----